Me and You and the Universe © 2020 Bernardo Marçolla, Bernardo Marçolla. Original English language edition published by Free Spirit Publishing 6325 Sandburg Road Suite 100, Minneapolis, MN, 55427, United States. Arranged via Licensor's Agent: DropCap Rights Agency. All rights reserved.

Korean Translation Copyright © 2021
By Dotori Forest Publishing Co.,Ltd
This Korean Language Edition is published by arrangement with
Free Spirit Publishing Inc.
through DropCap Rights Agency and The Agency Sosa

이 책의 한국어판 저작권은 에이전시 소사를 통해
Free Spirit Publishing Inc.와의 독점 계약으로 도토리숲 출판사에 있습니다.
저작권법에 따라 한국 내에서 보호를 받는 저작물이므로 무단전재와 무단복제를 금합니다.

헌사

자연과 자연이 만들어 낸, 크고 작은 모든 생명체에 이 책을 바칩니다.

감사의 글

이 책이 세상에 나올 수 있도록 도와 준 모든 이들, 특히 누이 난다와 아내 아드리안, 출판 팀 모든 분께 감사드립니다. 그리고 무엇보다, 우리 안에 깃들인 꿈에 깊이 감사합니다. 꿈 없이 아무것도 해 내지 못했을 테니까요.

먼먼 옛날 우주에 지구라는
아름다운 행성이 나타났어요.

그리고 지구에는 다른 어디서도 발견된 적 없는
아주 특별한 것이 생겨났어요.

지구에 나타난 그 특별한 것은 바로

생명 이에요!

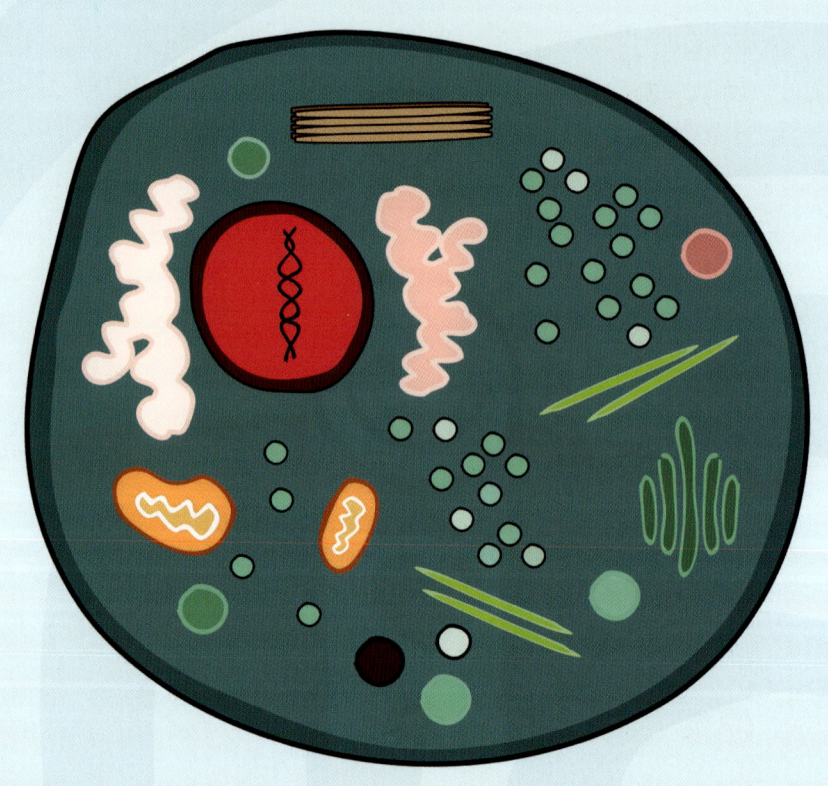

우리가 아는 가장 작은 생명 형태는 세포예요.
세포는 아주아주 작아서 외따로 있으면 눈에 보이지도 않아요.
하지만 세포는 수가 크게 불어날 수 있어요.

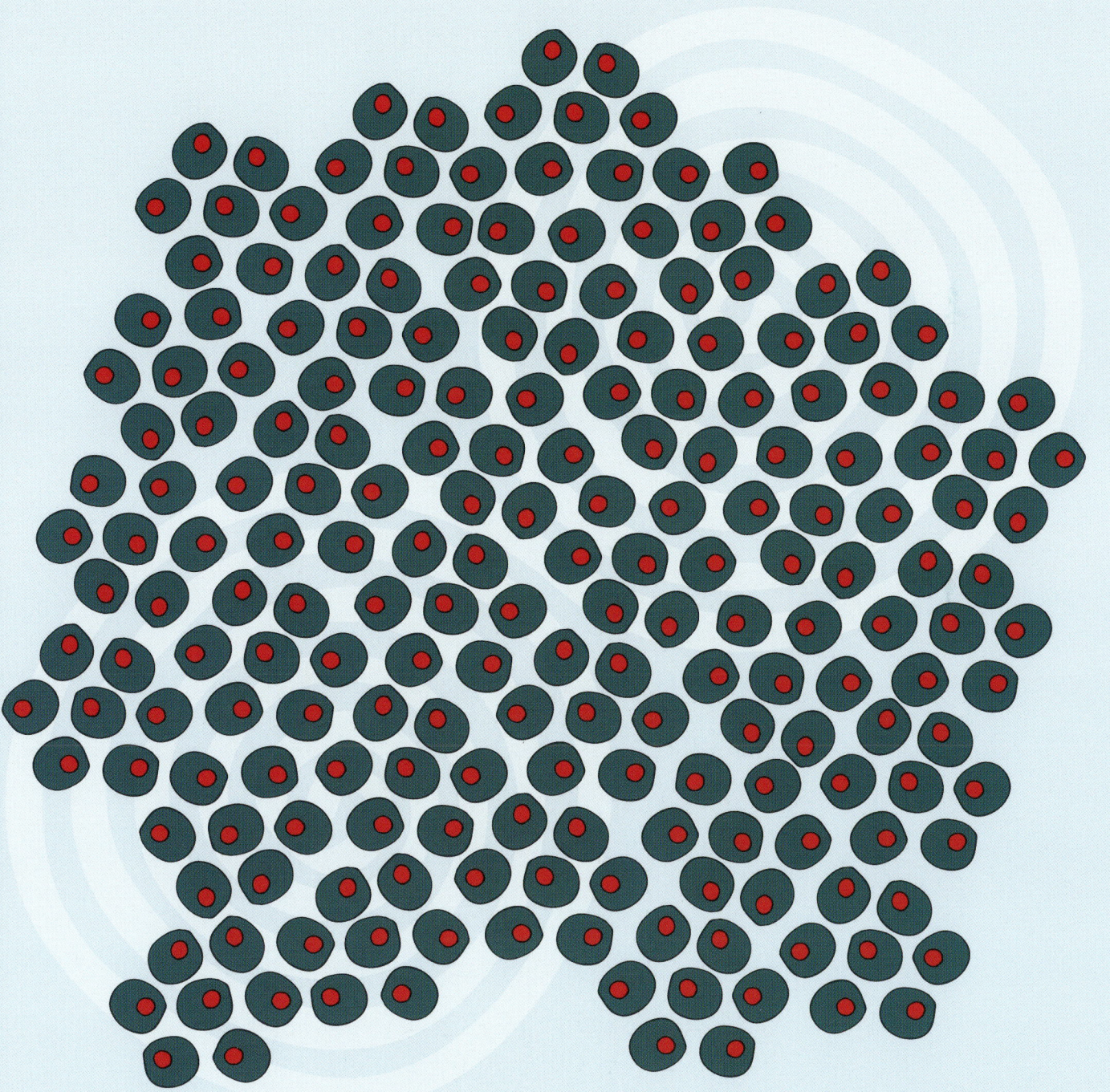

세포는 집을 지을 때 쓰는 벽돌과 비슷해요.
많은 세포가 모여서 생명체의 모든 부분을
만든답니다.

우리는 얼핏 보면 다른 사람과도
다른 생물과도 다른 것 같아요.
하지만 깊이 들어가 보면 우리는
닮은 데가 아주 많아요.

사람들은 지구에 사는 그 모든 특별한 생물 중에서도,
사람들끼리 서로 다른 점에 깊은 관심을 기울여요.

그리고 우리 모두 어딘가 다른 점이 **있어요**.

어떤 사람은 남자, 어떤 사람은 여자예요.
어떤 사람은 어리고, 어떤 사람은 늙었죠.

키가 큰 사람이 있는가 하면 작은 사람도 있어요.
채소를 좋아하는 사람도 있고, 초콜릿을 너무 좋아하는 사람도 있어요.

사람은 예술 작품 같아요.
피부색과 모습이 매우 다양해서, 한 사람 한 사람이 특별하지요.

어떤 사람은 왕이 될 운명으로 태어나고,
어떤 사람은 자기 혼자서 마술을 익혀요.

멋진 옷차림을 즐기는 사람도 있고, 다른 사람과 너무 달라
자기가 다른 별에서 온 신비한 존재라고 생각하는 사람도 있어요.

이런 차이는 그리 중요하지 않아요.

정말 중요한 것은 우리를 이루는 많은 부분이
우리를 어떻게 서로 다르게 만드는지 알게 되었다는 거예요.

여러분의 몸, 여러분의 마음, 여러분의 생각과 꿈과 바람, 여러분의 말과 행동,
그리고 여러분의 정신은 모두 조화를 이루고 있나요?

내면의 조화가 깨지면 다른 사람과 진실한 관계를 맺기 어려워요.
정말 정말, **정말** 어렵지요!

자기 자신을 이해하지 못하면서
다른 사람을 제대로 알고 이해하는 것은 거의 불가능해요.

하지만 우리 자신의 내면을 들여다보고 자신에 대해 하나씩 알게 되면,
서서히 모든 게 분명해질 거예요.

그것이 우리 삶에서 가장 좋은, 가장 멋진 일이지요.

우리는 그렇게 자신의 빛과 그림자를 지닌 채,
다른 사람들을 알고 단단한 관계를 맺어요.

그다음에 우리는 **모든** 살아 있는 것들을 제대로 알고 관계를 맺을 수 있어요.

우리는 **모두 하나**임을 깨달아요.
이제 우리 행성은 완전히 새로워 보여요.

지구는 살아 있어요.

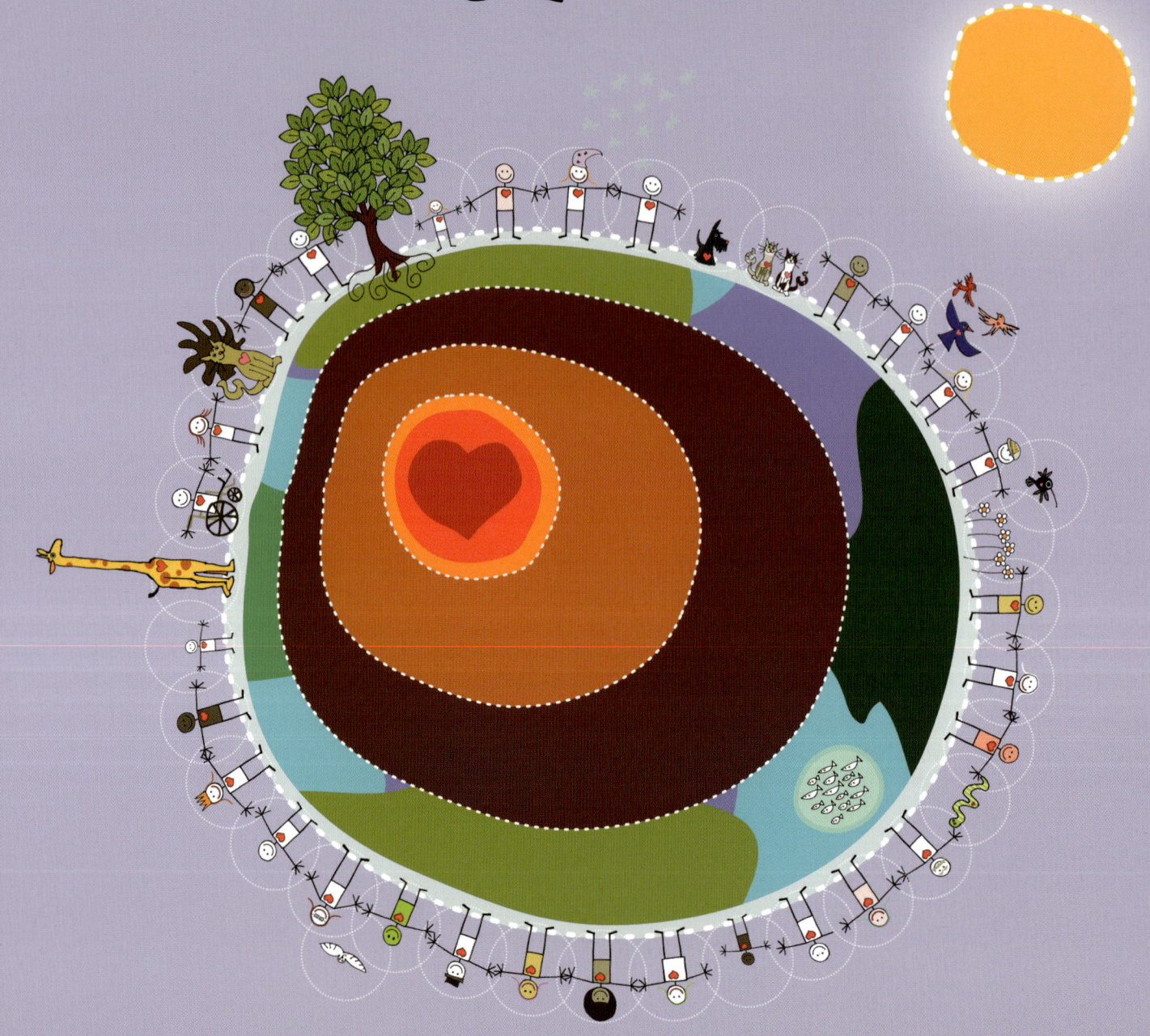

지구는 심장까지 갖춘 생명체랍니다!

나아가 우리는……

우리가 위대하고 조화로운 리듬을 타고 움직이는
훨씬 더 큰 어떤 존재의 일부라는 것을 깨달아요.

(이 책에 우주를 다 담을 수는 없지만!)

우리는 모든 것이 이어져 있음을 알아요.

그리고 어쩌면 새로운 질문을 할지도 몰라요.

그렇게 수많은 새롭고 아름다운 이야기가 다시 시작되지요.

작가의 말

이 책을 읽는 동안 여러분은 자신이 자연, 그리고 더 큰 세상과 어떤 관계를 맺고 있는지 생각했을 거예요. 다른 사람, 그리고 자기 자신과의 관계에 대해 생각하고, 여러분이 우주의 한 부분이라는 생각도 했을 거예요. 이런 생각을 따라가다 보면, 완전히 새로운 생각과 생활 방식에 마음을 열게 돼요.

우리는 자주 벽을 쌓아요. 자연을, 자기 자신을, 또는 사랑하는 사람들을 보호하려고 벽을 쌓기도 해요. 의도가 좋다고 해서, 우리 행동이 늘 바람직한 결과를 가져오는 것은 아니에요. 자연에도, 우리 자신에도요.

사람들은 자신의 자연스러운 본성에 대해 생각하지 않고, 우리가 외부 세계와 관계 맺는 방식이 자기 자신과의 관계를 반영한다는 사실을 쉽게 잊어요. 우리는 우리가 '자연의 한 부분'이라는 것을 잊고 있어요. 그러다 보니 우리가 속한 생태계와 단절되어 있어요. 우리 내부에서도 분열되어 있지요. 그 때문에 다른 사람이나 다른 생명체와 맺은 관계가 쉽게 깨지지요.

때로는 우리가 눈가리개를 한 채 우리를 둘러싼 아름다운 것들을 못 보고 산다고 느껴요. 우리는 저녁노을의 다채로운 빛깔을 알아차리지 못할 때가 많아요. 씨앗 하나가 큰 나무로 자라거나 꽃을 피우는 놀라운 과정을 그냥 지나쳐요. 태어나기 전 우리는 다른 많은 동물과 비슷했다는 것도 잊고 살아요. 생각해 봐요. 주변에서 볼 수 있는 것들에 눈을 감은 채 우리 안에 숨겨진 보이지 않는 것들을 알기가 얼마나 힘들지.

물론, 우리가 제대로 보는 법을 배우지 못했는지도 몰라요. 우리 잘못은 아니지만. 우리는 우리 자신을 치유하고 변화할 수 있어요. 우리는 우리 안과 밖에 눈을 돌려 우리 내부와 주위에 있는 모든 것을 알아야 해요. 그러면 우리 행동은 자연스레 변할 거예요. 우리 안에 있는 의식은 목소리를 갖고 있어요. 또 우리에게 말을 걸지요.

나이가 많든 적든, 우리 모두 이 목소리에 귀 기울여 하늘을 우러러 별들을 보고, 우리가 우주의 일부라는 것을 아는 것이 중요해요. 이는 학습으로 얻은 지식과 전혀 다른 지혜예요. 세계, 또는 자기 자신을 보는 시선을 바꾸는 것은 치밀한 추리가 아니에요. 답은 놀랄 만큼 단순해요. 눈과 마음을 여는 거예요. 세계는 변함없을 테지만, 우리 경험은 완전히 변할 거예요. '우리'가 변할 거예요.

지은이 베르나르도 마르콜라

심리학과 문학 박사입니다. 대학에서 심리학 교수로 10년 넘게 강의를 하였습니다. 2012년부터 브라질 지리 통계학 연구소에서 인적 자원 분석가로 일하고 있습니다. 2017년에 《심리학과 생태학 – 자연, 주관성과 그 교차점》을 발표하였습니다. 책에 담긴 생각을 어린이를 위한 책으로 내놓은 것이 《나와 너 그리고 우주》입니다. 초콜릿을 매우 좋아하고, 그림을 더 잘 그리고 싶어 공부를 하고 있습니다. 브라질 벨루오리존치에서 아내와 두 고양이와 살고 있습니다.

옮긴이 윤소영

서울대학교에서 생물교육학을 전공했습니다. 많은 과학 관련 도서를 기획하고 쓰고 옮겼으며, 어린이와 청소년을 위한 과학책을 쓰는 데 애정을 갖고 있습니다. 생명, 환경, 지속 가능성을 깊이 생각합니다. 지은 책으로 《살아 있다는 것》, 《여보세요, 생태계씨! 안녕하신가요?》, 《종의 기원, 자연 선택의 신비를 밝히다》, 《옛날 옛적 지구에는》, 《넌 무슨 동물이니?》 들이 있으며, 옮긴 책으로 《지구가 막 태어났을 때》, 《갈라파고스》, 《시턴 동물 이야기》, 《판스워스 교수의 생물학 강의》, 《세상에서 가장 재미있는 유전학》, 《돌은 살아 있다》 들이 있습니다. 2005년 《종의 기원, 자연선택의 신비를 밝히다》로 과학기술부와 한국과학문화재단이 주관하는 '제6회 대한민국 과학문화상'을 수상했습니다.

도토리숲 그림책 06

나와 너 그리고 우주
_ 우리는 하나로 이어져 있어요.

초판 1쇄 펴낸 날 | 2021년 12월 22일
초판 2쇄 펴낸 날 | 2022년 11월 2일

지은이 | 베르나르도 마르콜라
옮긴이 | 윤소영

펴낸이 | 권인수
펴낸 곳 | 도토리숲
출판등록 | 2012년 1월 25일(제313-2012-151호)

주소 | 03949 서울 마포구 모래내로7길 38 2층 202-5호(성산동 137-3, 서원빌딩)
전화 | 070-8879-5026 **팩스** | 02-337-5026 **이메일** | dotoribook@naver.com
인스타그램 | @acorn_forest_book
블로그 | https://blog.naver.com/dotoribook

기획편집 | 권병재 **디자인** | 김은란

ISBN 979-11-85934-78-5 73400

제조자명 도토리숲 / **제조국명** 대한민국 / **사용연령** 5세 이상

＊이 책은 저작권법에 따라 보호를 받는 저작물이므로, 무단 전재와 무단 복제를 금하며,
 이 책에 실린 내용을 이용하시려면 반드시 저작권자와 도토리숲의 동의를 받아야 합니다.
＊책값은 뒤표지에 있습니다.